Dieses Buch gehört:

Schömann-
Finck

Peter Wohlleben, geboren 1964, studierte Forstwirtschaft und arbeitete 23 Jahre in der Landesforstverwaltung Rheinland-Pfalz. Er kündigte und bewirtschaftet seitdem einen ökologisch orientierten Forstbetrieb. Er ist Gast in zahlreichen TV-Sendungen und gibt sein Wissen in Büchern und Seminaren, aber auch durch ungewöhnliche Waldführungen weiter. 2016 gründete er eine Waldschule, in der ihr ihn besuchen könnt.

WOHLLEBENS
WALDSCHULE

Stefanie Reich, geboren 1984 in einer Kleinstadt in Sachsen-Anhalt, studierte Visuelle Kommunikation an der Bauhaus-Universität Weimar. Die Diplom-Designerin lebt mit Kind und Mann seit 2010 in Leipzig und streift dort täglich mit ihrem Hund durch den Leipziger Auwald, wo es ebenfalls zahlreiche Baumkinder gibt.

Peter Wohlleben

Zuhause bei den Waldtieren

Mit Bildern von Stefanie Reich

Verlag Friedrich Oetinger · Hamburg

Inhalt

Die Quiz-Lösungen
findest du auf der
letzten Seite.

1. Einleitung

Jedes Tier braucht ein Zuhause,
in dem es sich geborgen fühlt.

Das kann eine Art Hochhaus sein.
Oder so etwas wie eine
Mietwohnung.
Oder eine Wohn-Gemeinschaft
mit vielen anderen.
Oder ein Bett im Laub.
Und manchmal ist es
einfach die ganze Natur.

2. Umzug? Nein, danke!

Brauchen Tiere eine Hausnummer?
Ein Schild mit einer Zahl darauf
haben sie sicher nicht.

Doch einige Tiere wohnen
ihr Leben lang
an einem festen Ort.

Bei einer Wolfsfamilie
ist dieser feste Ort sehr groß.

Quiz?

EIN WOLFSREVIER IST CA. 250 KM² GROSS. DAS IST UNGEFÄHR SO GROSS WIE

A DEINE SCHULE   **B** EIN KLEINES DORF

C EINE GROSSE STADT

Die Grenzen ihres Reviers
markieren die Wölfe
mit Pipi und Kratzspuren.
So weiß jeder fremde Wolf gleich,
dass hier schon besetzt ist.

In diesem Zuhause haben
die Wölfe auch noch eine
richtige Wohnung mit Dach:
Sie graben eine tiefe Höhle
in den Boden.
Darin kommen die Welpen zur Welt.

Mäuse leben so ähnlich wie Wölfe.

Nämlich am liebsten in Familien.

Und genau wie Wölfe haben sie

auch ein Revier.

Das ist viel kleiner.

Aber Mäuse können ja

auch nicht so weit laufen.

Ein Mäuserevier kannst
du mit ungefähr 15 Schritten
durchqueren.
Für ein Wolfsrevier bräuchtest
du sicher mehrere Stunden.

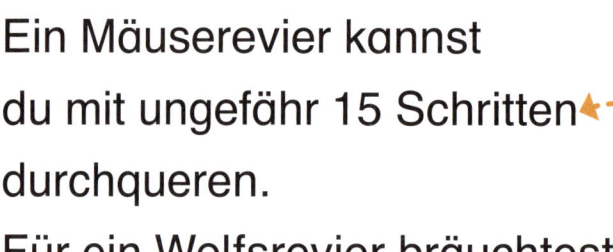

DESHALB REICHEN IHNEN
HUNDERT QUADRATMETER – SO
VIEL WIE VIELLEICHT AUCH
DEINER FAMILIE.

Genau wie Wölfe graben
Mäuse tiefe Baue.
Darin wohnen aber nicht nur
die Kinder, sondern auch die
Erwachsenen ihr ganzes Leben lang.

Dort unten ist es sehr gemütlich.
Die Schlafkammer wird schön
weich mit Gras und Moos gepolstert.
So können die Mäuse bequem
und trocken liegen.

Einige Tiere haben ein
etwas ekeliges Zuhause.
Die Bandwürmer wohnen
im Darm von großen
Tieren wie Fuchs oder Reh.

Dort ist es immer dunkel,
feucht und warm.
Die Würmer müssen sich
um nichts kümmern.

Wenn das Reh etwas frisst,
kommt das Futter über den Magen
und Darm auch zu den Würmern.

Die freuen sich, doch das Reh hat
oft Hunger – schließlich fressen ihm
die Würmer im Bauch ganz viel weg.

Honigbienen leben in Holzkästen,
die Menschen für sie aufstellen.
Dort ziehen sie in Waben ihren
Nachwuchs auf.

Auf einer Seite des Kastens ist
ein kleiner Spalt am Boden.
Hier können sie ein und aus fliegen.

Wenn man den Bienenkasten nur
ein klein wenig zur Seite schiebt,
können die Bienen den Eingang
nicht mehr finden.

Sie fliegen immer wieder an die
Stelle, wo er früher war.
So einen Umzug verstehen sie nicht.

19

In der Natur kann den Bienen
so etwas nicht passieren.
Sie bauen ihre Waben gerne
in hohle Bäume – die
verschiebt niemand.

Quiz?

BEI UNS GIBT ES HUNDERTE VON BIENENARTEN. WIE LEBEN DIE BIENEN BEI DEN MEISTEN ARTEN?

A GANZ ALLEIN

B IN VÖLKERN MIT 200 TIEREN

C IN VÖLKERN MIT 50.000 TIEREN

Ein Revier drum herum wie
die Wölfe haben Bienen nicht.
Sie fliegen umher und teilen
sich die Wiesen und Wälder
friedlich mit den Bienen
anderer Völker.

3. Wohn-Gemeinschaften

In manchen Tierwohnungen wohnen
verschiedene Tierarten gleichzeitig.
Ohne dass die Tiere sich streiten!
Füchse und Dachse bilden oft
solche Wohn-Gemeinschaften.

DACHSE KUSCHELN GERNE,
GANZ BESONDERS IN EINER
GEMÜTLICHEN HÖHLE.

23

Der Dachs ist dabei derjenige,
der am meisten arbeitet.
An den Pfoten hat er scharfe Krallen.

Damit kann er prima
die Erde wegkratzen
und tiefe Höhlen graben.
Manchmal mehr als fünf Meter nach
unten.

Hier schläft er in Ruhe,
ohne dass ihn jemand stört.

Fuchsbox

EISIGER ATEM

Wenn es im Winter sehr
kalt ist, schlafen Dachse
tief und fest in ihrem Bau.
Frische Spuren gibt es dann draußen
am Eingang nicht. Trotzdem kannst du
herausfinden, ob jemand in dem Dachsbau
wohnt. Schau mal an die Decke des Eingangs.
Dort glitzern manchmal viele kleine
Eiskristalle. Sie sind der gefrorene Atem
der schlafenden Bewohner.

**DIE EISKRISTALLE
AN DER DECKE
VERRATEN:
HIER SCHLÄFT
JEMAND TIEF
UND FEST!**

25

Ein Dachs wohnt meistens in einer
Höhle, die schon seine Eltern oder
Großeltern gebaut haben.
Aber weil jeder gerne mal ein
neues Zimmer hat, gräbt der
Dachs einfach noch ein paar.

Quiz?

WIE ALT IST DER ÄLTESTE BEKANNTE DACHSBAU?

A 100 JAHRE   **B** 1.000 JAHRE

C 10.000 JAHRE

Dazu kommen
noch weitere Eingänge.
So wird der Bau
immer größer.

So groß, dass er oft
auch noch für Füchse reicht.
Auch sie schlafen am liebsten
in Sicherheit unter der Erde.

Ein Dachsbau ist also wie
ein Mietshaus für Tiere.

Alleine graben muss der Dachs
aber nicht, denn er lebt gerne
in großen Familien.
Da helfen natürlich alle mit.

Rund um den Eingang legt
die Familie ihre Toilette an.
Die Dachse buddeln mehrere kleine
Löcher und gehen dort aufs Klo.

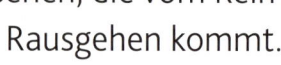

Ob ein Dachsbau noch bewohnt ist,
erkennst du an der frischen Erde vor den
Eingängen, auf der nichts wächst.
Oft ist auch noch eine Rinne zu
sehen, die vom Rein- und
Rausgehen kommt.

Das ist gleichzeitig so etwas wie ein Hinweisschild.
Jeder andere Dachs erkennt am Geruch, dass dort schon ein Artgenosse wohnt.

Familie Dachs

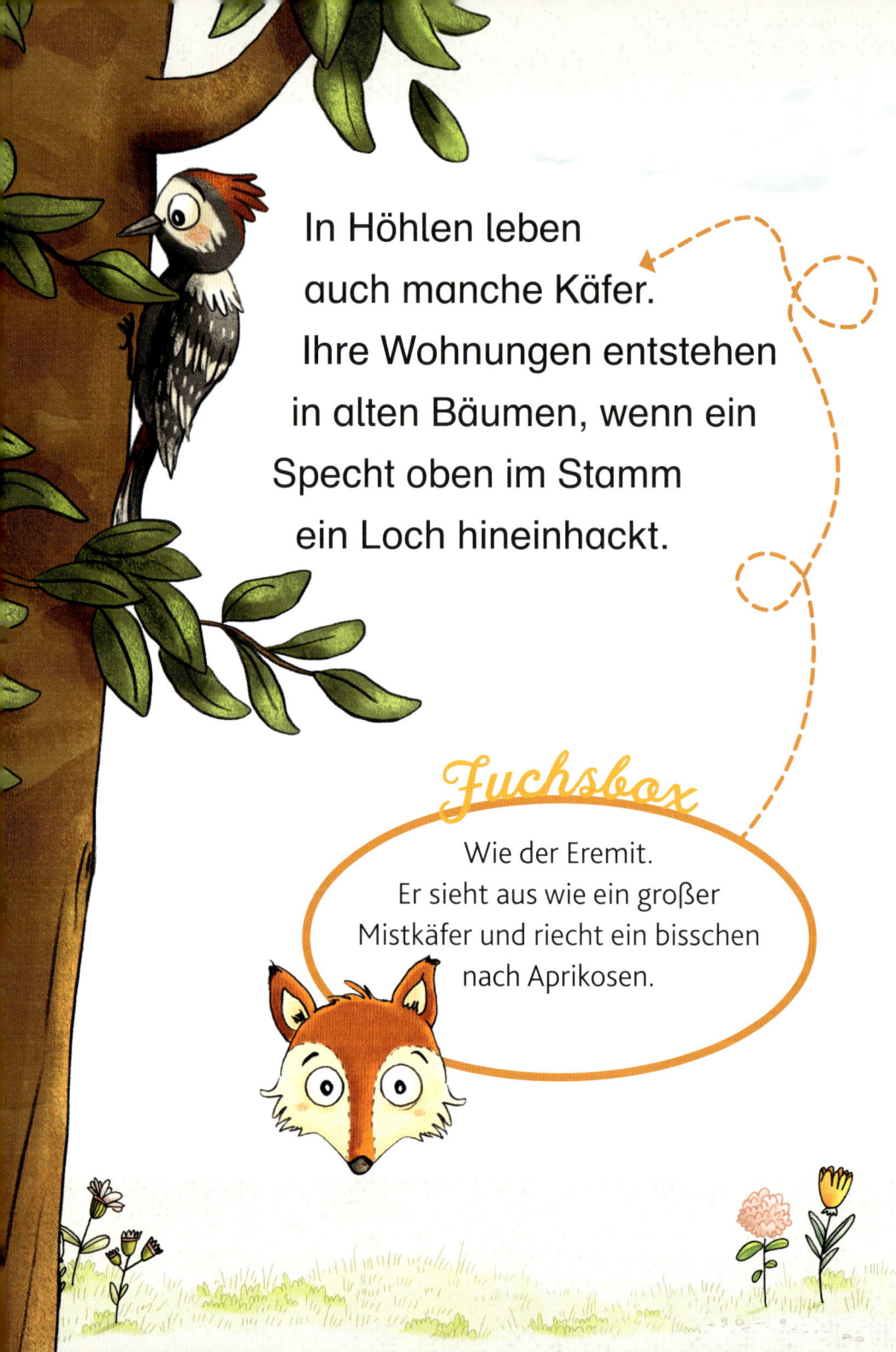

In Höhlen leben
auch manche Käfer.
Ihre Wohnungen entstehen
in alten Bäumen, wenn ein
Specht oben im Stamm
ein Loch hineinhackt.

Fuchsbox

Wie der Eremit.
Er sieht aus wie ein großer
Mistkäfer und riecht ein bisschen
nach Aprikosen.

SO SIEHT EINE
SPECHTFLÖTE
AUS. DAS IST
EIN MIETSHAUS
UND KEIN MUSIK–
INSTRUMENT
FÜR VÖGEL.

Dort baut er ein Nest.

Und wenn er die Baumhöhle

nicht mehr braucht,

dann fault sie langsam aus.

Dabei wird sie immer größer,

bis eines Tages

der ganze Baum innen hohl ist.

Manche Käfer verlassen die
Baumhöhle nicht ein einziges Mal.

Oft sehen sie ihr Leben lang
nur das Innere einer alten
Buche oder Eiche.

Aber ihre ganze Familie bleibt dort.

Sie sind sehr gesellig.

Manchmal leben über 100 Käfer

zusammen.

Aber in so einem hohlen
Stamm leben oft gleichzeitig
noch andere Tiere.

Im Holz sind es die
Larven kleinerer Käfer.
Weiter oben in der großen Höhle
im Stamm warten Fledermäuse.
Denn sobald es draußen dunkel ist,
fliegen sie aus.

So gleicht ein großer alter Baum
einem Mietshaus mit vielen
Wohnungen – wie der Dachsbau
unter der Erde.

„Ein Mietshaus!
Wie bei den
Dachsen.“

4. Unterwegs

Viele Tiere haben kein
festes Zuhause.
Sie leben einfach da,
wo es gerade besonders
schön für sie ist.

Die meisten Tiere verteidigen
ihr Zuhause gegen andere Tiere.

Doch wer keine Wohnung hat,
braucht auch nicht
darum zu kämpfen.
Und man kann immer dahin gehen,
wo die Kräuter gerade
am besten schmecken.

Hirsche sind solche Tiere,
die nicht das ganze Jahr
am selben Ort bleiben.

Sie lieben die Abwechslung.
Im Sommer wandern sie gerne in die
Berge. Dort ist es kühler und es gibt
saftiges Gras.

Im Winter ziehen sie ins Tal,
weil es dort nicht so kalt ist und
deshalb weniger Schnee liegt.

Für Hirsche ist es nicht wichtig,
wo sie wohnen.
Hauptsache, sie sind mit ihrer
Familie und mit ihren Freunden
zusammen.

Dann fühlen sie sich wohl.

Im Wald kennen sie sich
trotzdem gut aus.
Die Plätze, an denen es besonders
gutes Futter gibt, merken sie sich.

Auch die Wege, auf denen sie
dorthin kommen, haben ihre
Eltern und Großeltern oft schon
viele Jahrzehnte benutzt.

Hirsche wandern auf der Suche nach leckerem Futter sehr weit – manchmal über hundert Kilometer innerhalb weniger Tage!

Ganz ohne Wege kommen Schmetterlinge aus.

Sie fliegen zu Wiesen,
auf denen Blumen blühen,
die sie mögen.
Dort finden sie ihr Lieblingsgetränk,
den zuckersüßen Nektar.

TAGPFAUENAUG

Doch die Blumen verblühen nach
ein paar Tagen.
Dann müssen die Schmetterlinge
bald die nächste Wiese suchen,
auf der sie wieder etwas
zu trinken finden.

KLEINER FUCHS

SCHWALBENSCHWANZ

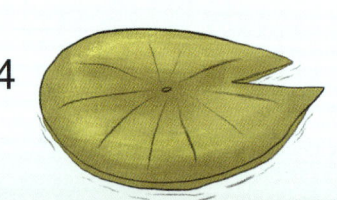

Doch wo schläft man, wenn man
kein festes Zuhause hat?

Hirsche scharren eine kleine
Kuhle ins Laub und legen
sich dort hinein.
Wenn sie gerade auf einer
Wiese stehen, legen sie
sich einfach ins Gras.

Schmetterlinge setzen sich auf die Unterseite von Blättern. So werden sie nicht von Vögeln gesehen und gefressen.

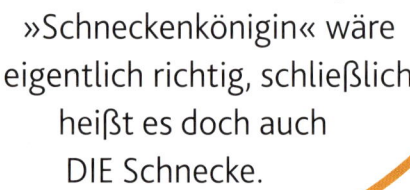

KÖNIGSHAUS

Weinbergschnecken tragen ihr Haus auf dem Rücken. Das Schneckenhaus ist normalerweise rechtsherum gedreht und sitzt auf der rechten Seite des Schneckenkörpers: Ganz selten gibt es aber Schnecken, deren Haus linksherum gedreht ist. Weil das so außergewöhnlich ist, nennt man sie »Schneckenkönig«. »Schneckenkönigin« wäre eigentlich richtig, schließlich heißt es doch auch DIE Schnecke.

5. In den Süden

Viele Tiere haben nur ein paar
Wochen oder Monate im Jahr
ein festes Zuhause.

Dazu gehören die meisten Vogelarten.
Vögel suchen sich im Frühjahr einen
schönen Platz, wo sie ihr Nest bauen
können.

Wenn ihr Nest fertig ist,
müssen Vögel immer wieder an
dieselbe Stelle zurückkommen.
Denn sonst müssten sie das Nest
mit den Küken ja mitnehmen!

Wenn die Brutzeit vorbei
ist und die Vogelkinder
ausgeflogen sind,
geben die Vögel ihre
Reviere auf.

Jeder kann nun überall hinfliegen,
ohne dass andere Vögel
ärgerlich werden.

Vielen Amseln gefällt es in den
Städten und Gärten aber inzwischen
richtig gut.
Deshalb bleiben sie das
ganze Jahr dort und
behalten ihr Revier.

Andere Arten fliegen dahin, wo es
im Herbst das meiste Futter gibt.
Beeren und Nüsse finden sie dann
in Hecken oder an Waldrändern.
Hier sitzen sie in großen Schwärmen
zusammen in den Zweigen.

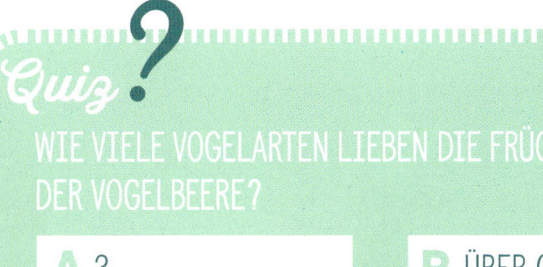

Quiz?

WIE VIELE VOGELARTEN LIEBEN DIE FRÜCHTE
DER VOGELBEERE?

A 3

B ÜBER 60

C ÜBER 700

Unter Birken rieseln in
dieser Zeit viele kleine
Schuppen zu Boden.

Wenn du nach oben
schaust, siehst du
vielleicht einen großen
Schwarm Erlenzeisige,
die dort Birkensamen fressen.

ERLENZEISIG

Wenn sie alle Samen weggeknabbert haben, fliegen sie einfach zu einem anderen Wald mit Birken.

Quiz?

WELCHER VOGEL HAT DIE MEISTEN KÜKEN?

A REBHUHN

B AMSEL

C STEINADLER

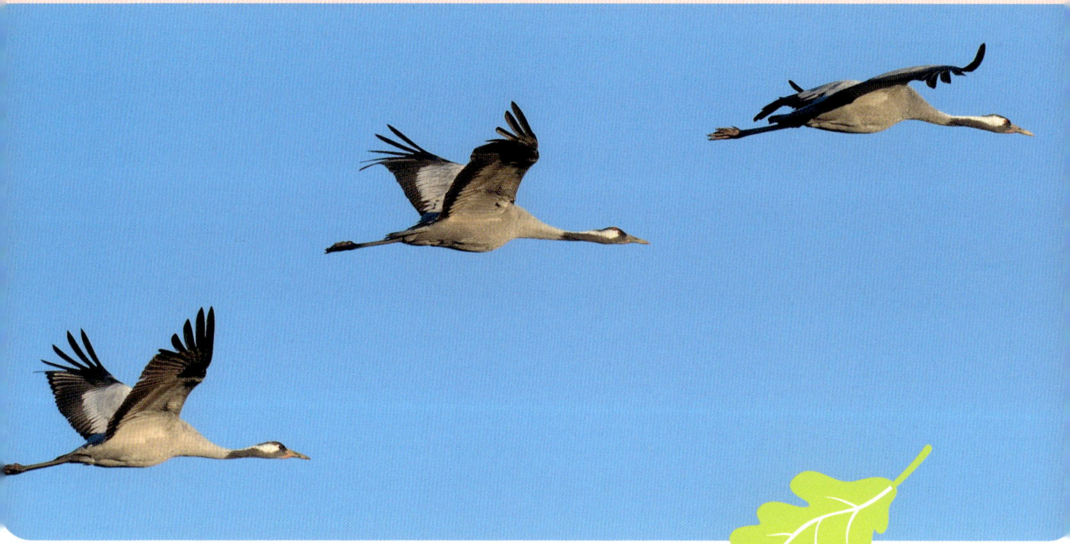

KRANICHE UNTERHALTEN SICH VOR DEM FLUG, WELCHE ROUTE WOHL DIE BESTE IST.

Wenn man hungrig ist,
ist es praktisch, kein festes
Zuhause zu haben!
Viele Vogelarten ziehen
im Herbst noch weiter,
in südliche Länder.

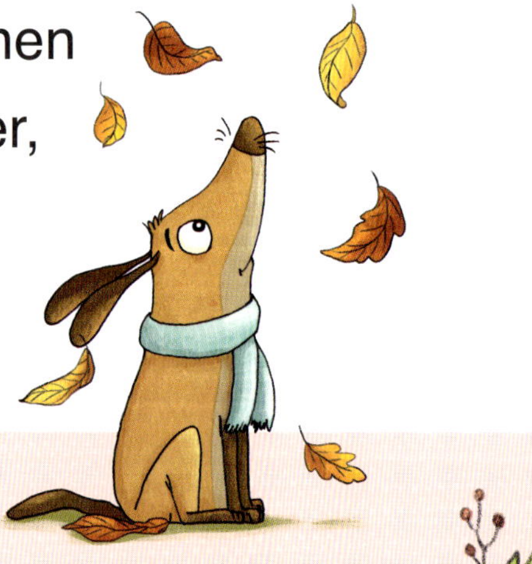

Hier bei uns wird es dann kalt.

Die Laubbäume verlieren die Blätter.

Das Gras auf den Wiesen wird braun.

Die meisten Insekten verkriechen

sich und halten Winterschlaf.

IN KLEINEN GRUPPEN STREITEN SICH MEISEN KAUM
UM FUTTER— DAS MÖGEN SIE NÄMLICH NICHT.

Insekten sind aber ein wichtiges
Futter für sehr viele Vögel.
Diese müssen lange nach
ihnen suchen.
Auch die Herbst-Stürme machen
den Vögeln keinen Spaß.

Fuchsbox

Vielleicht kennst
du das vom Fahrradfahren –
das macht auch weniger Spaß,
wenn dir ein kräftiger Wind ins
Gesicht weht, weil es viel
anstrengender ist.

Deshalb fliegen
sie nach Süden.
Am besten warten sie,
bis ein kräftiger Wind
aus Norden weht.
So ist es viel bequemer,
als gegen den Wind zu fliegen.

57

Im Süden wärmen
sich die Vögel in der
Sonne und suchen Futter.

Störche sind früher bis
nach Afrika geflogen.
Oft fliegen manche nur
bis nach Spanien.
Sie haben gemerkt,
dass es dort auf den
Müllkippen reichlich
Futter gibt.
Das klingt ekelig,
oder?

Wieder bei uns angekommen, kehren Störche jedes Jahr zum selben Nest zurück.

Fuchsbox

In Afrika haben die Störche Frösche und andere Kleintiere auf den Wiesen gesucht und gefressen.

Das bauen sie in einem Baum,
auf einem Hausdach, einem Mast
oder einem alten Schornstein.
Zum Glück gibt es heute wieder viele
Störche, die sich in den Dörfern bei
uns wohlfühlen.

Originalausgabe

1. Auflage
© 2022 Verlag Friedrich Oetinger GmbH,
Max-Brauer-Allee 34, 22765 Hamburg

Die Texte sind ein dem Kindersachbuch „Weißt du, wo die Tiere
wohnen?" entnommener Auszug, der für Leseanfänger sprachlich
sowie bildlich überarbeitet wurde, erstmals erschienen 2019 im
Verlag Friedrich Oetinger GmbH, Hamburg.
©Text: Peter Wohlleben 2022
© Illustrationen: Stefanie Reich 2022
© Fotos: **Wohlleben**: 25 (Dachsbau). **Shutterstock**: Cover Jay-Dee (Wald),
10 Geoffrey Kuchera (Wolf), 11 Rudmer Zwerver (Maus), 13 Tiffany Soukup
(Mäuse), 14 Leoniek van der Vliet (Maus), 18 Sushaaa (Bienen), 23 Pablo777
(Dachse), 29 David OBrien (Dachse), 31 Peter Kalab (Spechtflöte), 32 FlorinRO
(Baum), 40 Jaro Mikus (Hirsche), 43 Sleepyhobbit (Tagpfauenauge),
44 Bildagentur Zoonar GmbH (Kleiner Fuchs), 44 Bildagentur Zoonar GmbH
(Schwalbenschwanz), 48 Olexandr Panchenko (Schwalben), 52 Bildagentur
Zoonar GmbH (Erlenzeisig), 54 Red Squirrel (Kraniche), 55 kzww (Meisen),
58 Werner Baumgarten (Schwalbe), 60 Steve Photography (Störche)
Einband- und Reihengestaltung von Andrea Pieper
Druck und Bindung: Livonia Print SIA,
Jūrkalnes iela 15/25, LV-1046 Riga, Lettland

Printed 2022
ISBN 978-3-7512-0216-9

www.oetinger.de